CPSIA information can be obtained
at www.ICGtesting.com
Printed in the USA
LVHW081747140222
711109LV00014B/608

9 789948 825203

نبذة عن الكاتب

محمد الزموري، كاتب مغربي، يكتب بانتظام في العديد من الجرائد العربية، تتناول مواضيعه الهم العربي المشترك وفق مقاربة سيكولوجية، مع إسقاطات على الأوضاع الاقتصادية والاجتماعية والثقافية.

تحصَّل على شهادة في التعليم العالي في المغرب، ثم عمل مدرساً في التعليم لفترة قصيرة قبل السفر إلى دولة الكويت والعمل بها كباحث في مجال الدراسات والبحوث. نُشِرَ له كتابٌ أوَّل بعنوان: (الموجز الماسي في المتداول الاصطلاحي)، بالإضافة إلى العديد من الدراسات والمقالات المنشورة في العديد من الجرائد العربية والدولية.

الإهـداء

إلى كل الذين أبحروا وفقدوا بوصلة العودة.

محمد الزموري

بوح الذات المعتلة

AUSTIN MACAULEY PUBLISHERS™

LONDON • CAMBRIDGE • NEW YORK • SHARJAH

الرقم الدولي الموحد للكتاب 9789948825203 (غلاف ورقي)
الرقم الدولي الموحد للكتاب 9789948825197 (كتاب إلكتروني)

رقم الطلب: MC-10-01-2061937
التصنيف العمري: E

تم تصنيف وتحديد الفئة العمرية التي تلائم محتوى الكتب وفقا لنظام التصنيف العمري الصادر عن المجلس الوطني للإعلام.

الطبعة الأولى 2022
أوستن ماكولي للنشر م. م. ح
مدينة الشارقة للنشر
صندوق بريد [519201]
الشارقة، الإمارات العربية المتحدة
www.austinmacauley.ae
+971 655 95 202

"ليس هناك من حزن أقسى من الحزن الذي لا يمكننا البوَح به".

هنري وادسورت لونجفيلو

"أفتقد الأشياء التي تجعلني متوهجاً، أنا الآن برفقة الأشياء التي تجعلني على قيد الحياة فقط".

"أعتقد بثقة أن الجحيم هو المعاناة الناتجة عن عدم القدرة على الحب".

دوستويفسكي

الجحيم بالإضافة إلى ما عبَّر عنه المعلم دوستويفسكي في روايته الملحمية "الأخوة كارامازوف"، ليس فقط في عدم القدرة على الحب، بل بشكل أو بآخر في الخذلان، والخذلان هو أعمق بكثير من القدرة على تصدير أو استيراد الحب، فهو نتيجة لاحقة للانكسار، وهو الجحيم بعينه.

أن تكون مخذولاً يعني أن تفتح شبابيك عمرك مبكراً وتنتظر الموت، ذلك الصديق المفضل الذي لا يخطئ موعده أبداً، أن

تُطْعَن من المحيط الذي عَمِلتَ طوال حياتك على ترميمه، أن تكتشف مصادفة أنك لم تكن سوى مجرد رقم في قائمة الاهتمامات، تتأبط ذيل القائمة.

الخذلان هو عمق الانكسار الإنساني، هو بلاء القدر، أو لنقل لعنة زينون الرواقي الذي صدح يوماً بأن الرجل الحكيم يجب أن يتحرر من الانفعال، ولا يتأثر بالفرح أو الترح، وأن يخضع من غير تذمر لحكم الضرورة القاهرة، المسكين زينون أظنه الآخر من كبار المخذولين، ومن كثرة ما تألم أبدع لنا الرواقية كتوجُّه فلسفي يحتقر التأثيرات ويستسلم للقدر، والقدر هو إيمانك الذي يتجلى في الواقع. ولأننا فاشلون في تطويع أحاسيسنا ورغباتنا، نستسلم للقدر ونترك له تسيير المبهم في حياتنا، نحتاج الكثير من الوقت حتى نصلح ونتصالح ونتجاوز، نتصالح مع ذواتنا التي تعرضت للانكماش والتلاشي، نرمم ما تبقى منها في انتظار الموت، والموت هو انفصال الحسي عن الروحي، متأبطين خسارات لا تحصى، وانهزامات كتلك المدونة في رسائل أنطونيو غرامشي لأمه.

الجحيم هو الآخر، أضمُّ صوتي لصرخة جون بول سارتر، الوجودي المخذول من شروط عقد زواجه مع المخذولة سيمون دي بوفوار، وأشدُّ على يديه وأؤكد له صدق مقولته، نحن

نتلاشى بفعل الآخرين، نتذمَّر ونُجْبِر أنفسنا على الولادة مراتٍ ومرات، فقط لأننا جبناء، فقد كان بإمكاننا أن نودِّع هذه الحياة بطرق عديدة، ونتخذ قرارنا بأيدينا، كأن نتشارك وجبة عشاء مع فأرٍ مشاكس، أو نبلع مرة واحدة عقاقير متنوعة والأفضل أن تكون منتهية الصلاحية، أو أن نحدد لقاءً مع قطار عابر أو حافلة مُثْقَلَة بالوجوه العابسة... الطرق متعددة، لكننا جبناء، ننتظر مَلَكَ الموت حتى يحدِّد لنا الموعد والتوقيت.

الخذلان هو إحساس حقيقي بالضياع، وربما بالموت السريري المؤقت، حيث يستحيل المخذول إلى شبح في ظرف اجتماعي سحيق، يمارس غواياته الاجتماعية كظلٍّ هارب من انعكاس شمس الأصيل، يداهم الحياة بحكايات الجَدَّة البائسة آخر الليل، ويناضل بابتسامات مصطنعة، وزيف في الملامح والصفات، ليعود برفقة حزنه الوفي الذي ينتظره يومياً عندما يخلو بنفسه، والحزن هو قدر التافه عند تعنت الحياة.

صديقي هو أنا في عالمي الموازي، هو انعكاسي الآخر الغير مرئي، هو ذاتي المعتلة، هو موسم الحَكْيِ، هو شذرات مِنِّي، والكثير منه، هو جنتي وجحيمي، قال لي صاحبي وهو يحاورني: "إنك حين تَأمَلُ وترتجي وتعمل بكلِّ وفاء، يصفعونك بالخيبة تلو الأخرى، حين تتعامل معهم بكل حب، وتعيش معهم بصدق،

تشاركهم أحزانك وأفراحك، ونفس الشيء تفعل إن تعلَّق الأمر بهم، تتشاركون التفاصيل الصغيرة كأول خطوة في الحياة، أول حرف، أول دمعة وأول نجاح، والذكريات حلوها ومرها. وفي أول اختبار تنتهي كل تلك العلاقة، فيظهر لك زيفها، وترتطم أنت بالواقع، والواقع هو حظ الانتهازي إذا شحذ اللؤم، واقع كان صوب عينيك منذ البداية لكنك كنت متغافلاً فقررت بذلك ألا تبصره.

كان خذلانهم كفيلا بأن يخبرك أن كل تلك اللحظات الجميلة التي جمعتك بهم ما هي إلا فقاعات، رغم أنك تشبثت بها بكلتا يديك وبكل قوة، إلا أنها تطايرت إلى أماكن لا يحق لك الوصول لها، أو أنها تلاشت قبل وصولك، أو مرَّت رياح الدنيا وسرقتها، وربما وصلت إلى مكان أبعد من أن تصل إليه معهم، علاقة بتاريخ انتهاء الصلاحية.

خذلان قد أحرق مساحات قلبك البيضاء وانتهى، فصارت رماداً لا يَكتُب ولا يشكي، بل هو في مواسم الذكريات يبكي، والذكريات هي حنين ناتج عن عدم وفاء الحاضر بوعود الأمس. نُدْمِنُ في أغلب الأيام المُدَام حتى نتمكن من المقاومة الجبانة والنسيان المؤقت.

أتعلم يا صديقي إننا وبالرغم من الألم الذي عشناه، إلا أننا لا نتوقف على منح أولئك الذين خذلونا ذات حزن أو ذات فرح فرصاً جديدة، وهم بدورهم لا يتوقفون على خذلنا، طبيعتهم معقدة وغير مفهومة، وهو الأمر الذي يَسْرِي على البشر أنفسهم. الإنسان يا صديقي، كما ذهب إلى ذلك الاتجاه الطبيعي، حيوان قبل أن يكون إنساناً، وهناك فرق بسيط بينه وبين الحيوان وهو العقل، والعقل ليس سوى عضو من أعضاء الانسان يساعده على الحفاظ على بقائه، لذا ليست وظيفته اكتشاف الحقيقة بل وظيفته هو اكتشاف ما ينفع الإنسان في حياته وَيَضُرُّ بِه خصمه، فالحقيقة بجانبه دائماً لذا فهو يراوغ دائماً ويستخدم كل الأدلة التي تساعده على ذلك.

فالإنسان أناني ويحب نفسه أكثر من أي شيء في الوجود، لذا نجده يتألم كل الألم عندما يسبقه أحدهم، أو تسبق مجموعة مجموعته.

كل إنسان يرغب من أعماقه أن يحصل على منزلة رفيعة بين قومه، وهذا هو المحور الذي يدور حول الشعور بالذات، وهذا غير موجود لدى الحيوان، فالحيوان يعيش سعيداً ما دام قد حصل على الطعام. راقب الطفل فقط تجده يثور ويغضب عندما يتمُّ ذَمُّه، ويفرح عندما يتم مدحه، فالطفل صريح لم

يتعلم النفاق والرياء بعد، ليس كالبالغ الذي يخفي مشاعره وراء الأقنعة، لذا لا يمكنك ان تعرف ما يضمره الآخرون لك في قلوبهم، وكلما ازداد نضج الإنسان عجز أكثر عن معرفة ما يضمره الآخرون له.

فأغلب الناس مصابون بعقدة الكمال لذا يسوؤهم أن يجدوا أحدَ أقرانهم يتفوق عليهم، فيحاولون التقليل من شأنه بأي وسيلة، أما المصابون بعقدة النقص لا يستطيعون حتى التكلُّم لكيلا يتم الانتقاص من قيمتهم.

الشخص الصفيق يخونك أو يغشك أو يغتابك او يهاجمك وينسى ذلك، ويريدك أن تنسى أيضاً، أما الشخص السويُّ قد يفعل ذلك أيضاً لكنه يخجل ويندم. الإنسان عندما يمدحه الناس في وجهه يفرح ببلاهة وهو لا يعرف ما يقوله المنافقون والمتزلفون والمتسلقون والسطحيون في ظهره، وخاصة إذا كان صاحب منصب أو مال، أو لهم لديه مصلحة فيكثرون حوله فيظن أنه حقاً كما مدحه الآخرون.

إن الفرق بين المجنون والعاقل، هو أن المجنون يقول ما يدور بداخله جاهراً، أما العاقل فهو الذي يعرف ما يرضى عنه الناس وما لا يرضى عنه، فالمجنون ظاهره وباطنه سواء، أما العاقل ظاهره مختلف عن باطنه. وهناك شخص آخر اسمه

الشخص الدون كيشوتي نسبة لرواية الدون كيشوت لمؤلفها المخذول سيرفانطيس، وهو ذلك المثالي المسكين الذي خرج يبارز طواحين الهواء ظناً منه أنه خرج لكي يغير العالم، وهو يقف في منتصف الطريق نحو الجنون، ويسخر منه الناس وهو يعتقد أن الناس يعاملونه بصدق وإخلاص، إنه يشبه العاقل في حياته، لكنه يشبه المجنون في أفكاره الوهمية والمثالية.

أما الشخص العامِّي فهو الذي تتجلى فيه الطبيعة البشرية بأبرز مظاهرها من حيث حبه لذاته وتحيزه العقلي، فكل ما يهتمُّ به هذا الشخص هو أن ينال مديح الناس، بعبارة أخرى: منهمك في ذاته. أما الشخص المتفرِّد حتى لو كان لا يخلو من هذه النزعة فهو ينسى الناس ويندفع وراء هدفه، لذا ينعتونه بالجنون.

الأنانية صفة أساسية في الإنسان، يحب نفسه ويفضلها على الغير، لكن نرى في بعض الأحيان الغيرة كحبِّ الأمِّ لولدها أو تضحية إنسان من أجل مجموعته، لكن الغيرة ليست سوى صورة من صور الأنانية، فالأم حين تتفانى من أجل ولدها، هي تفعل ذلك من أجل نفسها، فالولد ليس سوى جزء منها، وحتى الإنسان الذي يضحي بحياته من أجل مجموعته، يدرك أن نصرها هو نصره، وهزيمتها هي هزيمته، وذلها من ذله، كما إن

هناك الجزء الاجتماعي للإنسان، وهو ذلك الذي يساعد الغير من أجل الحصول على التقدير والاحترام من المجتمع.

فالإنسان ليس حيواناً محضاً وليس آدمياً محضاً، فهو يميل إلى التنازع لكونه حيوان، ويميل للتعاون لكونه إنسان، فهو يتعاون مع غيره لأنه مضطر لذلك، لعدم قدرته على العيش لوحده، يعيش وسط مجموعته وترتبط مصالحه بها ثم يرى أحد أفراد مجموعته أفضل منه أو مصالحه تتعارض معه ليتنازع معه فيُخْرِج مخالبه المخفية وتنتفض نزعته الحيوانية.

إن الحياة الاجتماعية تجعل الإنسان ملزماً ومضطرا بأن يكتم غيظه ويداري خصمه، وأن يجامل، فلا ينتفض عليه كما ينتفض الحيوان المفترس على فريسته خوفاً من كلام الناس ومن عقاب القانون ومن الثأر.

ميزة الحيوان أنه عندما يريد أن يقوم بعمل يفعله مباشرة دون رياء أو تظاهر أو تبرير، فالذئب يهاجم الشاة ويأكلها ثم ينام كأنه لم يفعل شيئاً، والإنسان يريد أن يفعل ذلك أيضاً لكنه لا يستطيع؛ لأن المجتمع وَضَعَ له أعرافاً وقوانين، وإذا اضطر الإنسان لمهاجمة خصمه يبحث عن حججٍ وأسانيدَ، ونراه يَصِفُ خصمه بأبشع الصفات وينكر محاسنه، وهو يقصد من هذه التهم أن يجد من بين الناس أعواناً يساعدونه في إيذاء خصمه.

الإنسان قادر على ابتكار الأسلحة وابتكار الحجج لكي يقتل أخاه الإنسان، ويقال إن الإنسان يمتلك ضميراً وهو الصوت الإلهي في الإنسان، بينما نجد الضمير نسبياً.

إن التنازع بين الحيوانات ليس بحاجة إلى التعليل، فالحيوانات تتنازع حول موارد الغذاء، وبتنازعها يهلك الضعيف ويبقى القوي، أما البشر فهم يتنازعون على نفس السبب، فالموارد محدودة ويجب أن يتنازعوا عليها، فلنفترض أن الموارد كافية، وتكفي الجميع، سيتنازعون كذلك لأن حاجيات الإنسان غير محدودة، فكلما قام بتلبية حاجة ظهرت حاجة أخرى، كما أن لديه حاجيات معنوية بالإضافة إلى الحاجيات المادية.

ومما يزيد من حدة التنازع هو التحيز الذاتي، فكل إنسان يعتقد أنه الأفضل، ثم يأتي بالحجج التي تدلُّ على ذلك، وأنه مُحِقٌّ، وأنَّ الخصم جائِرٌ، وهذا الأمر لا يقتصر على الأفراد، لكنه موجود بين الجماعات أيضاً، فكل مجموعة تقول إن الحقَّ معها والباطل مع خصمها.

لذلك لا تثق بالإنسان حين ينادي بالعدل وبالحق فهو ينادي بتلك المثل حين تكون نافعة له، فلولا القوى القاهرة التي تُفْرَضُ على الإنسان فرضاً لظلوا يتقاتلون ظناً منهم أنهم يتقاتلون في سبيل الحق.

كما أن البشر يتفاوتون في الصفات من حيث الدرجة لا النوع، لذا نسمع الناس يصفون البعض بالطيب والشرير والكريم والبخيل والمتفائل والمتشائم والعادل وغير العادل... ففي الواقع كل إنسان يمتلك تلك الصفات الإيجابية والسلبية، لكن عندما تغلب صفة ما على أخرى، الناس يصفون الشخص بصفة واحدة، لذلك تجد الناس يستغربون عندما يجدون صفة أخرى بجانب ما يُنْعَتُ به إنسان. والناس مختلفون لكن الإنسان يصعب عليه تقبُّل الاختلاف؛ فالشخص الانبساطي لا يستطيع أن يستوعب أن الشخص الانطوائي، يستمتع بوقته بمفرده.

وأمام تعقُّد الطبيعة البشرية يصعُب علينا إصلاحهم، فالبشر لا يُصْلَحون بالنصيحة والمواعظ كما فعل أفلاطون ثقة منه أن الإنسان إذا عرف المُثُلَ سيسعى وراءها، لكن المُثُلَ أخفقت! لم يتأثَّر بها أحد، وظل الناس يسيرون بما كانوا يسيرون عليه، ويأتي ذلك المتحذلق مثلك يا صديقي لكي يلومهم بالرغم من أنه في سلوكه لا يختلف عليهم، وإن كان مفرطاً أكثر في الحساسية، لا داعي لتلك النظرة فأنا مثلك أو أسوأ منك قليلاً.

الخذلان يا صديقي أيضاً هو أن تخذل نفسك، لأنك تركتها تركض خلف أوهامها، فأهملت الحقيقة بالرغم من وضوحها، أو لأنك رسمت أحلاماً لم تسع لها كما يجب، إن خذلان الذات يا صديقي يدمر جزءاً من الروح لا يحييه أحد، والروح هو صوت الحق الظاهر - الغائب فينا.

فكلما كان الخذلان نابعاً من شخص قريب، كلما كان الألم والخيبة أكبر، وكان وقعه على النفس أعظم، والنفس هي صراع أبدي ما بين الأنا والأنا الأعلى.

نحن يا صديقي أصحاب القلوب الصافية الوفية المرهفة، الأكثر عذاباً، لأننا نعطي من نحبهم بلا حدود أو شروط، وبسقفِ عطاء مفتوح، ولأننا نؤْثِرُ غيرنا في الإحساس والشعور والاهتمام، نخاف دائماً على مشاعر غيرنا بقدر ما خُدِشَتْ وجُرِحَت مشاعرنا، نهتمُّ بغيرنا بقدر ما نحتاج للاهتمام وأكثر، نحن من نعطي ما فقدناه من كل جميل، إننا من يسمع مشاكِلَ غَيْرِهِ بِكُلِّ رحابة صدر، ويساعد في حلها بقدر ما يستطيع، وبقدر ما يعاني، إن أحببنا لا نخون، وإن صادقنا لا نتخلى، وإن وعدنا وَفَيْنَا، وإن فارقنا نصون.

فهل يعلم من يخذلونا حجم الألم الذي يتركونه في قلوبنا! هل يرون آثار ندوبهم في عيوننا المرهقة! هل يعلمون أننا في كل خيبة أمل منهم ندخل في نوبة من الضياع؟

نحن مرهفون جداً، فأغنية عابرة يمكنها أن تحرك تلك المياه الراكدة في عيوننا، فإن اختلفنا مع أيٍّ كان.. ما آذيناه، لأننا من الفئة التي تتعلق بالأماكن، وتقدِّس الذكريات، وتقف مطولاً على أطلالها.

صديقي لا تتوهم، فالاهتمام يحتاج إلى ترجمة بالأفعال، وإن الروابط القوية لا يضعفها أي انشغال، وإن الكل يتذكرك حسب أهميته لديك، لا تصدق يا عزيزي كذبة قلة اهتمامهم بسبب ضيق الوقت والانشغال، فمن يحبك سوف يجدُ لك الوقت وسط يومه الممتلئ وليس من يملأ بك فراغ وقته الضائع.

لا زلت أتذكُّر رسالتك لي، عندما قلت: *(صديقي التافه، هأنذا أكتب لك ثانية، لأنني وحيد، أكتب حتى لا يُثملني هذا السكون الكريه، أكتب وفي داخلي نيازك نارية من الغضب، وحتى لا أتهور، أكتب لك، ولا أحتاج رداً لأني أعرف جيداً مدى تقاعسك، لا يوجد موضوع مهم لأناقشه معك، فلا شيء مهم ويستحق الكلام، هو مجرد بوح وكلمات مشرَّدة تبحث عن متلقٍ.*

لا يعلم المرء كيف تكون حياته بدون صراخ وانتفاضة للفكر والحواس، الحياة البليدة التي نحياها لا تعطينا فرصاً كثيرة للاختيار، فغالباً ما يأتي اختيارنا بعد فوات الأوان، تدرك عزيزي أن الزمن الرديء الذي نعيشه، قد قلب مفاهيمنا وغاياتنا وأوصد بالأقفال آمالنا وطموحاتنا، نعيش على ذكرى جميلة، حتى نتمكن من الاستمرار، نحلم حتى نخيط جراحنا المفتوحة على فوهة الفقد، ففي معظم الأحيان لا أجد معنى لأي شيء، فعلى هذا الكوكب الصغير نسير منذ ملايين السنين نحو العدم، نولد وسط الأيام، ونترعرع، ونجاهد، ونمرض، ونسبب الآلام للآخرين، ونصخب ونشيخ ونموت، نموت في حين يولد آخرون ليبدأ تكرار الملهاة العقيمة من جديد.

ندور في دوامة، والأرض نفسها تدور، والقمر البليد يدور، والكل من حولنا وتحتنا وفوقنا يدور، فقط هي مشاعري لا تدور ولا تتغير، فهي الثابت وسواها كله متغير.

يقول صديقي المخذول تشاك بولاينك بأنه ليس هناك شيء اسمه الفوضى، ليس هناك إلا الأنماط، أنماط فوق أنماط، أنماط تؤثر على أنماط أخرى، أنماط تخفيها أنماط، أنماط داخل أنماط، إذا انتبهت جيداً ستجد أن التاريخ لا يفعل شيئاً سوى تكرار نفسه، ما نقول إنه فوضى ليس إلا أنماطاً لم

نتعرف عليها بعد، ما نقول إنه عشوائي هو أنماط نعجز عن سبر أغوارها، ما لا نفهمه نقول إنه هراء، ما لا نستطيع قراءته نقول إنه كلام فارغ، ليس هناك إرادة حرة، ليس هناك متغيرات، ليس هناك سوى المحتوم، وليس هناك سوى مستقبل واحد، وليس لديك الخيار، الخبر السيئ أننا لا نملك التحكُّم في أي شيء.

تدرك صديقي وقد زال عن صدري ذلك الضجر المريب الذي أصبح يكثر من زياراته لي، أنه لا توجد حقيقة، فالحلم وحده هو الشيء الحقيقي في حياة الإنسان.

أودّعك أيها التافه، فالأيام تعلِّمنا أن الموت ليس أمراً محتملا فحسب، وإنما مريح أيضاً).

كلماتك في رسالتك البائسة تلك، تعبِّر عن حلولِ موسمِ القحط، وهو موسم يطول وأنت ابن الأرض، لكن لا داعي للجزع، فأنا أدرك جلياً حجم الألم الذي تتأبطه خلف ذلك الجسد النحيل، وذلك السواد الهلامي تحت عينيك، أعلم أسراره جيداً، طريقتك في الكلام والمشي، عدم اكتراثك لأي شيء، تساوي الممكنات لديك، هو طرح المخذول.

لا عليك يا صديقي، هل تعلم أن الفكرة هي الإرادة الوحيدة التي تدفع الإنسان إلى التضحية، فالجسد لا يحلُّ في مكان إلا

ويتسرَّب إليه اليقين – واليقين هو زواج الحكمة بالمعرفة – ويتمدد فيه دونما انقطاع، إنه المكان حيث يكون فيه التأمل حاملاً لجدوى الرؤية والتجلي، ولما كان للجسد قدرة محدودة فهو يورث ذاكرة محدودة لا تحتمل النص فتكسبه رذيلة النسيان المتهورة، والوهم المضطرب، والكذب البغيض.

نحن يا صديقي لسنا سوى أحد مظاهر الجسدانية التي تصيب المشاعر، تبدأ معها الخسارة في بداية افتعالها، لكنها تدل على ورع المُحِبِّ وولع مجاراته للجسد والمكان، حجراً وشجراً وماءً، فالمُنْسَابُ منها على حافَّة الحقيقة هو أجمل الرؤى الشفيقة، وأن الحديث عن الخذلان وأبديته القديمة، يشبه الحديث عن مستقبله المبني على جفاف الفصول القادمة.

صديقي إن ما يفسد على الجسد متعته وعلى المخيلة إبداعها هو ركونها المستمر لحاجات المجتمع ومتطلباته، ولحاجات التاريخ ومتطلباته، ولحاجة الثقافة ومتطلباتها، فيصبح الجسد مباحاً للنقد، وتصبح المخيلة جزءاً لا يتجزأ من أجزاء حُلمٍ حضاري لا يتحقق.

وكلما تخفف في الشكل ظهر له المعنى جلياً، لكن الواقع له رؤية أخرى، وفي ذلك يقول المخذول إريك فروم في كتابه *(الإنسان بين الجوهر والمظهر): "نحن نعيش في مجتمع مكرَّسٍ*

لحيازة الأملاك وتحقيق الربح، لذلك يندُرُ أن نرى أي شاهد على وجود أسلوب الكينونة في الحياة، ولا يرى أغلبية الناس إلا أسلوبَ التملُّك بوصفه الأسلوب الأكثر طبيعية للوجود، بل يرونه الأسلوب المقبول الوحيد للحياة، ولهذا يصعب على الناس فهم المقصود بأسلوب الكينونة". والتملك مرتبط ارتباطاً وثيقاً بالمظهر والإطار الشكلي العام، إنَّ الشكل يجتهد في المحتوى ويلتهم أشباحه، تجدنا دائماً نبحث عن المعنى في الشكل، على يأسنا الفظيع منه، وحيث إن المعنى له متعة في ابتكار الكلمة، ومتعة في تكرار مخيلتها، فإن الشكل له متعة مناسبة للحواس، لما لها من هفوات تسقط على مدار السمعي البصري، تؤثر في ذائقة اختياراتنا المسلوبة بالصورة وتحرف مآلاته الدقيقة.

صديقي، أستطيع اليوم إضافة تجربتي إليك، وإلى جسدك حيث أرتَحِل، وأستطيع في هذا الزمن المتأخر تصور ما مضى، وما سيمضي، لكن ما سينقصني هو الكمال في الارتحال، والمشاعية في التلقي، وما سأعوزه هو التمام في الطلب، والاكتمال في النقص، ولقد توصلت من قبل أني من أجل الاستمرار، كان على الصمود في وجه حزني، كما أنا الآن صامد في وجه فقدي. لا أنكر أنني أعاني نوبات كآبة متفرقة، وأجبر ذاكرتي على النسيان، أخنقها لكي تقترب من موت أردته لها،

ولكنني المضطر أُجْبِرُها على التذكر كي لا تصحب معها بقايا روحي.

نعلم بأن هناك شيئاً ما يحدث للذين لا يعودون من خذلانهم ناجين، فعند كل فقد يندرج موت يخلخل معرفتنا بالحياة، ويصنع تلك المعرفة العميقة من أجل أن تفي به وبعباراته التي سيطلقها الإنسان لوصفه، فإذا كانت المصالحة مستحيلة مع النفس، فإن الموت أنسب ما يرضيه من الأقدار.

هل تعلم يا صديقي أن الخذلان قد يأتي بعد حُبٍّ كبير اتضح فيما بعد أنه مجرد توليفة إعجاب مؤقتة، وقد يسقط لأتفه الأسباب؟ ففي رواية (المبارزة) لتشيخوف، كَرِهَ لايفسكي بَطَلُ الرواية في ناديجدا فيودوروفنا عُنُقَها لأنَّه "أبيض أكثر مما ينبغي" وذلك بعد أن ساءت علاقتهما.

وفي رواية (آنا كارينينا) لتولستوي، عندما لم تَعُدْ آنا تحب زوجها لم يعجبها فيه قبل كل شيء "أذنيه".

أما دوستويفسكي في (الإخوة كارامازوف)، فجعل "مضغ الطعام" بصوتٍ مُرتَفِعٍ من شخص يكرهه كفيلاً بجعله يكره البشرية جمعاء.

جاء بعدها سيغموند فرويد ليعلنها صراحة من وجهة نظر علم النفس بقوله: "نحن كائنات إلغاء" والإلغاء معناه هو إهمال

كم هائل من إيجابيات شخص معين حين نرى ناحية سلبية واحدة فيه.

صديقي، تصبح كئيباً دون سابق إنذار، تحيط بك هالة من الغُمَّة، لا تعلم كيف حدث ذلك، أو ربما تعلم جيداً ذلك السبب، ولكنك تتجاهل ظناً منك أن التجاهل يساعدك على تجاوز الأمر، ولكن ذلك الوضع تفاقم داخلك كثيراً، حتى بات يُشعِرُكَ بالضيق الشديد مما ترتديه، إنه الخذلان يا صديقي.

نعم إنه الخذلان بعد ذلك الكم السرمدي من الثقة، مما يجعلك تشعر برغبة عنيفة في الانطواء حول ذاتك، ليس لأنك فقدت أحدهم، بل لأنك تنازلت عن ذاتك وتهاونت كثيراً بمشاعرك، ظننت بهم خيراً فكان جزاؤك هذا الألم الذي يهشم أضلاعك، الذي يجعلك تشعر من شدة الضيق أن الغَيْبَ لا يُحِبُّكَ.

فعندما يتعرَّضُ أحدنا لجرعة خذلان من قلب أحبَّه، يعاني في عزلة تامة، يبدأ في اقتناص فرص الضَّحك على من هب ودب، يبدأ بملاحظة تفاصيل الآخرين ليملأ العين المفقوءة بتفاصيل سُلِبَتْ مِنهُ، تبدأ بفعل كل ما ليس أنت، تعاني حالة من الكتمان اللا شعوري، وتكتفي بتوزيع ابتسامات بائسة هنا وهناك، علَّك بذلك تداوي جرحاً غائراً لا يحكى، تتحاشى النظر في وجوه

البشر؛ لئلا تفضحك الحسرة، والحسرة هي تحالف اعتباطي ما بين الألم والضياع، تتجنب البشر خوفاً من أن يسألك أحدهم "ما بك؟" فتجيب دموعك بدلاً منك، تبدأ بالانطواء أكثر، تفقُدُ اهتمامك بتفاصيل الأشياء وبالحياة، لقد كُنَّا نخافُ دائماً من الموت، فظُلمَةُ الموتِ هي لنا وحدنا، نخافُ من شيء نجهله لأننا سنكون وحيدين، فما بالك بمن يعيش وحيداً في عالم الأحياء؟!

تأتي عليك لحظات في الحياة، يكفيك فيها أن تحمل جسدك على كاهلك وتمضي من غير وداع، فلعلك يا صديقي أصبحت ثقيلاً على قلوب أشخاص تحبهم، وكان جل همك إسعادهم، لحظات تقف فيها عاجزاً أمام خسرانك النبيل لأغلى ما تملك، لا تنتمي إلى أحد ولا تنتمي إلى مكان باسمه ولا شعرت يوماً أنك تنتمي إلى هذا الزمن، مصابك يلوثه حبك وحنينك ووفاؤك.

مُذْ عرفتك يا صديقي وأنت لا تشبه ذلك الإنسان الذي خططت لبنائه عبر السنين، انتهى شغفك بالحياة فجأة، تساوى بنظرك كل شيء دون استثناء، رغبتك بالرحيل تكبر يوماً بعد يوم، أراك تسقط وحدك وتعاني وحدك وتقاوم وحدك وتنهض وحدك، يا له من خذلان لم أتوقعه لك! وحزنٍ أعمقَ من أحلامِك التي لم يتحقق منها شيء، وحياة باهتة لم تخترها، أعرف أنك لم تطلب السعادة بحذافيرها، فأنت فقط تريد جرعة أقلَّ من

الألم، جرعة أقلَّ من الملل، فالوحدة بلغت ذروتها والجحود فاق كل التوقعات، أتعبك قلبك لأنك صادق وبريء أكثر من اللازم، لا ذنب لك سوى أنك صادق، في زمن تسليعي رخيص، عتابك أخرس وانتظارك لا يجيد الحديث، ولا تسأل عن ذلك أجراً.

بأي ذنب خذلت يا صديقي؟ أعرف أن قلبك كان يقف عكازاً لأحزانهم! لطالما توكؤوا عليه، ولطالما قام قلبك بترميمهم مراراً وتكراراً، أعرفك لا تجيد فنون الإيذاء، ولا خطط الرحيل، ولا حيل التخلي، أعرفك لا تنقُضُ عهداً، ولا تُنْكِرُ وِدّاً، ولا تخون وعداً، بأي ذنب خُذِلْتَ؟ توقعاتك على ما يبدو كانت عالية فوق المستوى، وتمرُّدُك أعلى، تحاول أن تطير إلى أعشاش الفرح الغامر والأماني الجميلة، فجاءك الخذلان من حيث لا تدري.

لا أتوقع منك أن تعود مجدداً يا صديقي، فالأجدر بك أن تمضي وحيداً، والوحدة هي قَدَرُ الكبار، ربما خيرٌ لك من أن تتشبث بمن يتركك في منتصف الطريق. أرى داخلك صحراء يتشعب فيها الإحباط والقنوط، ذابت أشياؤك فيها واختفت تفاصيلك، وخَبَتْ مشاعرك، وانطفأت شهوتك وضاع كل شيء، لم يبقَ من الضحكات عندك غير صدى بعيد كأنه ذكرى غائرة لشيء لم يكن، وكأن تلك الأيام بتفاصيلها وأحاديثها وشجونها ونجواها لم تكن.

لقد تاهت خطاك أمام ناظريك، وانسابت أيام عمرك من بين يديك وهجرتك الأماني، وعلى رصيف الأمس أراك تعيد ترتيب ذاكرتك وتدلل عليها لتبيعها للمارة، وأنت تدفع ثمنها! ثمن أشياء أمضيت حياتك تدافع عنها وما حظيت بها أبداً، ثمن خيبات متتالية تكدَّست في أعماق روحك، قد يقول الصمت فيها كلمة الفصل يوماً ما وبصوت مدوٍ.

من خذلك يا صديقي اعتبرك صفحة هامشية تم طيُّها للأبد، هو ليس شخصاً سيئاً، فكل ما في الأمر أنه لم يشعر تجاهك بما شعرت، لم يكنَّ لك مشاعرَ، أو ربما ليس بالقدر الذي يسمح له بأن يخشى عليك من تقلباته.

لم تجعلك كثرة الصدمات قوياً كما أخبَرَتْكَ والدتك وأصدقاؤك بأنها ستفعل، بل جعلتك هشاً، تنزف أسى أمام كوب قهوتك البارد، تصيبك تقلبات الجو بالكآبة، تخدش روحك كلمة، تخشى الاقتراب والرحيل، لا بأس يا صديقي فأنت لستَ من حديد!

أتذكَّرُ يا صديقي عندما كنا صغاراً، كنا نختزل مسألة الممنوع والمباح في ثنائيات بسيطة، حيث كانت لتلك الأفكار قُدْرَةٌ وقوة في الوصول إلى الإقناع والإمتاع، فعندما تسقط كسرة خبز خطأ فوق الأرض، نسارع بالقول بأن الشيطان أكلها حتى

نتسابق عليها لنعيد التهامها بنهم كبير، وعلى وجوهنا ترتسم ابتسامات المكر.

كنا بسطاء في أفكارنا، لغاية ما كبر المقاس على الجسد النحيل وصار موس الحلاقة يعرف عنوان ذقوننا، فأدركنا سهواً بأن الحياة أَعْقَدُ بكثير من حكايا الجدة في ليالي الشتاء.

علمونا خطأ بأن ثنائيات الصبا هي درب من لهو الذاكرة الغير مدركة، علمونا بأن هناك الحلال والحرام، والمسموح والممنوع، والمرفوض والمرغوب، علمونا وعلمونا ويا ليتهم صاموا عن الكلام وتركوا فطرتنا تقودنا للصلاح، لذلك فلا غرابة أن يصدح المخذول "هنري بروكس آدامز" بأن: "المدهش في العملية التعليمية هو كمية الجهل المتراكم في صورة حقائق".

مناسَبَةُ هذه المناجاة العفوية هو تطرف العالم وارتقاؤه نحو الهاوية، ففي غياب القيم الاخلاقية، أصبح الكل يحارب الكل، وأصبح العالم أشبه بصورة مكبرة لفيلم "سيد الخواتم" حيث الصراع الأزلي ما بين النور والظلام، غير أننا في عصر اختلط فيه الأبيض بالأسود فصار المشهد رمادياً، غير واضح، تماماً كضمانات الغيب، ترى ولا ترى، على حد تعبير الكبير محمود درويش في رائعته "وحدك"، أو كحركات الإلكترون في فيزياء الكَمِّ، حيث معضلة الوجود واللا وجود، فاختلطت

نسبية الحقائق بإطلاقتيها، وتعددت التحليلات والتفسيرات، وتطورت أساليب التكفير والتحريم بأسانيد تلامس القشور والعواطف، فذبلت الأخلاق وتعززت الكراهية.

في ظل ذلك برزت حقيقة واحدة مفادها أننا نعيش اندحاراً قويا للقيم الإنسانية وأزمة غير مسبوقة في تاريخ المفاهيم والأخلاق، فبالغرب هناك أزمة يمين واقتصاد، وبالشرق هناك أزمة فكر ووجود، وبالشمال هناك أزمة تطرف وحدود، وبالجنوب هناك أزمة غذاء وحروب.

والطبيعي أن تلك الظروف لن تنتج سوى تطرف، سواء ديني أو قومي أو عقائدي أو إثني، يُسهِم بدوره في صعود الخطابات العنصرية المتشبعة بالأنا، وإعادة إنتاج محاكِم التفتيش وذهنيات التحريم، وإعادة تمثيل داحس وغبراء جديدة، سِمَتُها أنها لا تبقي ولا تذر.

وفي غياب الأخلاق التي وُجِدَت الرسالات السماوية لإتمامها وتعزيزها، الكل صار يناجي إلهاً يقدده على قد هواه، والكل يفصل عباءته القومية والاجتماعية والدينية على قدر فهمه واستيعابه، وأمام كل ذلك تنحدر الأخلاق والقيم، بالرغم من أن الاخلاق هي السِّمَةُ البارزة والفارقة في تطور الشعوب، وتجاوز مراحل الجمود الحضاري والإنساني التي نعيشها

وتأكيدها يأتي بمزاوجة الوعي بالإرادة والفهم السليم للمقدَّس، حيث الأخلاق والمعاملات الأساس المطلق.

أفهم جيداً صديقي، لماذا تكتب وتفضُّل الهروب نحو مسامات الحروف والكلمات، لكن رغم ذلك فما يزيد من اختناقك عزيزي أنك تروي حكاية كاملة أمام أشخاص لا يهتمون ولا يحفلون بشخصك أو حكايتك، ولكنك تستمر بروايتها وكأنك تحادث نفسك في خِضمِّ مشاعرك المختلطة، إنك حقاً لا تهتمُّ لمن تروي قصتك، ولكن أهمَّ ما تصبو إليه هو أن تخرج اضطرابك الداخلي للعالم الخارجي، وتصرخ بصوتٍ مرتفع كي تدرك أنك المسيطر هنا وليس هم، ولن يكونوا كذلك أبداً.

صديقي، إنك تزاحم مشاعرك في مِنَصَّتِها، أيمكن ألا يوجد أحد في هذا العالم يحفل بك أبداً؟ لا يوجد شخص ما من قارات العالم المتراصَّة رُغمَ المياه التي تفصِلها، يكدُّر خاطره لشخصك الكريم، أنا لا أقلل من شأنك يا صديقي، ولكني أخبرك الحقيقة وإن كانت غريبة ومعروفة ولكنك تخشى سماعها، من الصعب أن نتقبل حالنا كما هو، أن نعي حقاً أننا وُلدنا غرباء في كون غريب حقاً، في لحظاتنا الأولى أُحِطْنا بالغرباء كليا، أوهمنا أنفسنا وصرخنا من هول الفاجعة.

صديقي هل سبق وشعرت أن الأفكار التي تراودك وتشغل تفكيرك لا تتناسب مع أي شخص من محيطك لنقاشها؟ هل حاولت مرة أن تتكلم مع أحدهم حول فكرة ما ثم تراجعت؟

تراجعت لأنه لن يفهمك، فأنت تتحدث عن أمرٍ قطعت فيه آلاف الأميال تفكيراً، ولم يمشِ هو فيه خطوة واحدة، لن يشعر بك، فأنت تشرح شعوراً جال في قلبك كل ليلة ملايين المرات، ولم يطرق قلبه ليلة، ليس ذنبه، بل هي المسافة الهائلة بين التجربة والكلمات.

ففي رائعة تشيخوف "الراهب الأسود"، نجد أن البطل يعاني من عزلة فكرية في محيطه لا تستطيع اختراقها كل المحاولات، ولا حتى الزواج، ماذا يفعل؟ لم يجد حلاً سوى أن يكلِّم نفسه ويتخاطب في قضايا عُلْيَا مع شبحٍ من صنع خياله هو "الراهب الأسود "، وهنا يطرح تشيخوف فكرة مخاطبة وحديث الذات، هل من يخاطب نفسه ويحدثها ويناقشها مجنون؟ هل هو مريض؟ ليجيب: "أنت مريض لأنك عملت فوق طاقتك وأجهدت نفسك، وهذا يعني أنك ضحيت بصحتك في سبيل الفكرة، وقريباً يَحِلُّ الوقت الذي تهبها فيه حياتك أيضاً".

ها هو الليل صديقنا الوفي قد حل، مرحباً.. مرحباً.. مرحباً.. النجوم تتراءى أمام أعيننا وكأنها تستعطف الليل أن يسدِل عليها

أستار الغيوم، أجل فلا شك أنها تشعر بالخذلان أمام هذا البدر المشرق الذي لا يفتأ يزهو عليها بأضوائه الألاقة الزاهية.

ولكن ألا يجوز أن يكون هذا البدر هو الآخر مخذولاً ينشر العزاء في رحاب الليل، وأن تكون تلك النجوم دموعه الحارة الذليلة! أجل فلا شك أنه يستشعر الهوان إلى جانب الشمس تلك التي لا تزال تميسُ بأنوارِها كلَّما أقبل النهار. أيها الليل إنني أنا الآخر مخذول! ألا يوجد لديك مكان يسعني لنتقاسم الحسرة؟!

من الموجع يا صديقي أن نضطر إلى أن نلزم أنفسنا بعدم الاندهاش، وأن تتساوى عندنا ردود الأفعال، وأن نصبح مجردين من الذهول والانبهار، أن يصبح كل ما يقع حولنا من المتوقع، وأن يصير من كانوا سبباً في دهشتنا، مفرغين من أسباب انبهارنا، ومحمَّلِين بأسباب خيباتنا، والخيبة هي انبلاج اللا متوقع من مهازل الثقة.

كنت أفكر أن أولى سمات شيب القلب المبكر هو فقدانك شبه الكامل للقدرة على الاندهاش، يصير كل شيء مقبولَ الحدوث، تصبح إجابتك عن أي سؤال عن إمكانية حدوث شيء ما، مهما بدا غريباً، جدَّ عادية، يذبُلُ سقف الطموح، وتتجمد الأماني والتطلعات، تصبح متحجراً في ردود الأفعال، وكأن الإله

"غورغون" حطَّم مجاذيف الجميلة "عشتار"، تتخبط في دوامة الممكن والمحال، وترفض تصديق ما أنت عليه الآن. أعلم جيداً عزيزي أن أسوأ ما في إحساس العجز المبكِّر أن تصبح صيداً سهلاً للملل، والملل هو جمود الأفق وتكرار الملهاة العقيمة للحياة، فتصير ملولاً أكثر من المعتاد، ميالاً للوحدة، للتعايش مع الموسيقى، والأفلام، والشعر، والكتب، وكل ما هو قادر على منحك بعض الدهشة، بعض الشغف، دموعاً حقيقية ربما، أو شهقة إعجاب، أو ضحكة رنانة من القلب.

لكنك تكسب مع شيب القلب عِدَّة أشياء مهمة، كتجنب التجمعات والعلاقات الاجتماعية وغيرها، فمؤشرات الخطر في روحك تعمل بسرعة، لتجنيبك المزيد من الجراح، فلم يعد في القلب مكان لسهم جديد، فلكثرة الجراح واعتياد الألم مميزات أهمها اكتسابك القدرة على حماية نفسك بأكبر قدر ممكن، فتعرف مَنْ هُمْ قُسَاةُ القلب فعلاً، حتى وإن تحايلوا على الجميع، وترى الجمال داخل من يغلِّفُون أنفسهم بإطار من القسوة واللا مبالاة المفتعلة، خوفاً من جرح جديد.

صديقي، في غمرة بشاعة هذا العالم بجميع صوره المرهقة والمأساوية وحروبه المختلفة بين البشرية، في غمرة قتال الإنسان للإنسان، وتلاعب الإنسان بمشاعر أخيه الإنسان، وكذب

الإنسان على الإنسان، وخيانة الإنسان للإنسان، والإبداع في كسر الإنسان لروح الإنسان، في ظل هذه المهازل البشرية المضحكة المبكية، وتخلي البشر عن إنسانيتهم وشعورهم وضمائرهم لتحقيق مصالحهم التي خُيِّل إليهم من جبروتهم أنها لن تتحقق إلا على حساب الآخرين، انقسمت الأرواح وباتت تحارب بعضها البعض، وبات الصراع يتسرَّب من صراع بين الحضارات كما تنبأ المخذول فوكوياما إلى صراع ما بين المشاعر النقية ونقيضها.

صديقي، لقد اجتمع في هذه الفترة الزمنية من أدوات الهدم والحذف والنقد والتقويض والتشكيك والتحطيم، ما تفرّق في مراحل من تاريخ الفكر على العموم؛ ففي هذا العصر اجتمعت للقَومِ شفرةُ "أوكام" وشكٌّ "بيرون" ومنهجُ الحذف المستخدم في إبعاد الميتافيزيقا عند الوضعيين المنطقيين، والتحليلُ النفسي الذي يتغلغل عميقاً في الجوانب المظلمة من النفس، ولا يرى في الوعي إلاّ نورٌ باهتٌ يكادُ يخفُتُ في بحر ظلمات اللا وعي، ومعاولُ تحطيم الأصنام النتشويّة.

وكان أنْ أشْهَرَ مفكّرو وأدباءُ وفنّانُو العصر شفرةَ أوكام كما لم يُشهِرْها صاحبُها، وبلغوا بالشكِّ مبلغاً لم يَرْقَ إليه الشكّاكون الأوائل، وانهالوا على المقولات المُهيمنة على الفكر والموروثة

تقويضاً، ولئن كانت معاولُ نيتشه قد حطّمت أصنام الأخلاق والسياسة والفلسفة فحسب؛ فإنّ التقويض أواخر القرن العشرين وفي القرن الذي يليه مسّ جميع جوانب الحياة دون استثناء، وطبعت الفوضى والعدميةُ والتفكيكُ واللا نظامُ واللا معنى والتشتيتُ والتشكيكُ روحَ العصر.

وبالفعل، تهاوى جدار برلين فأفل نجمُ الشيوعية وانهارت أيديولوجيتها (في أسلوب تطبيقها وليس كفكر)، وتهافتت أنظمةٌ ودولٌ تبعاً لذلك، فانتهى عصرُ التخطيط في السياسة والاقتصاد، وزال الفرق بين الدال والمدلول وأصبحت العلاماتُ بلا معنى في اللغة، وتداعى صرحُ المقولات التي هيمنت على الفكر الغربي، كاللغة والهوية والجوهر وفلسفة الواحد والتطابق، وتلاشت الأوهام الفلسفية؛ فكفّ العقلُ عن الحلم والطموح نحو امتلاك الحقيقة المطلقة، وكادت معاول التقويض أن تعصف بالفلسفة، وخارت قوةُ المنطق، وتداعى تماسكُ بنية المناهج؛ فتخلخلت الأجناس الأدبية الموروثة، وانتهى الزعمُ بوجود قواعد عامة، كلية وصورية، ومناهج ثابتة لا تُردُّ، وساد التشكيكُ في المعارف اليقينية، وتهاوى سلطانُ السلطة فتراجع النظام والتجانس وانكشفت الأيديولوجيات السائدة.

ولمّا بلغت العولمةُ مرحلة الشمولية على مشارف نهاية القرن العشرين شاعَ الحديثُ عن النهاية وازدهر؛ إذْ في إطار العولمة وبفعل التطوّر المثير للتقنيات الجديدة للإعلام والاتّصال والثورة الرقميّة؛ اندثرت فكرة الأمة والقومية، وزالت الحدود فتحقّقَ حلمُ العدمي والفوضوي باكونين، وانتهى عهدُ الكثرة والتنوّع والاختلاف والخصوصيّة.

وهكذا بدا وكأنّ كلّ شيء ينتهي بالمعنى الحَرْفي للنهاية، حتّى إذا ما مضت بضعُ سنوات من بدايات القرن الواحد والعشرين، اشرأبّت البشريّة تنتظر نهاية العالم، ولا جرم أنّ الروح العبثية والعدميّة واللا معقولية التي بثتها ما بعدَ الحداثة في النفوس فعلتْ فعلتها ومكّنت لنبوءة حضارة المايا في عصر المنطق المبهم والغامض.

صديقي، أدرك جيداً أن أهم مشاكلك تكمن في التفاصيل، مثلي تماماً، فنحن لا نجيد تجاهل التفاصيل، كلمة واحدة في حديث مطول تجعلك حزيناً، ذكرى قاتلة تعبر في بالك تجعل منك سجيناً، التفاصيل الصغيرة التي تراها وتتذكرها وتتمعنها تقتلك بوحشية.

هذا الصدر ما عاد يتسع لكل ما يدور في خلده من كلام، هذه النفس يا صديقي مخذولة جداً ما عادت تستسيغ رتابة هذه

الأيام، هناك فجوة بيني وبين الناس كلما اقتربت لأكلم أحدهم أتراجع، لقد خسرت يا صديقي لغة التواصل، سأحاول التصالح أكثر مع جرحي، لذلك أريد متسعاً من الوقت لي وحدي، حتى أفهم تلك الشجون جيداً، ونعيد تأسيس قواعد جديدة لما تبقى لنا من أيام.

بالقراءة والكتابة يمكننا أن نتجاوز خذلاننا لحظياً فقط، وبالكثير من الإيمان يمكن أن نتجاوزه كلياً. يقول المخذول بهاء طاهر في روايته (الحب في المنفى): "إنه في الواقع يا صديقي، حتى بدون هذا الشعر من يحتمل هذه الدنيا؟ من يتحمل غطرسة المتكبرين، والطغاة وآلام الحب المخذول والانتظار الطويل، واستحالة العدل وهزيمة الرِّقَّة أمام الوحشية، وكل تلك الأنانية، وكل ذلك الظلم من يحتمل هذه الدنيا؟".

إن ألمنا الشخصي ليس أثقل من الألم الذي نعانيه مع الآخر ومن أجل الآخر وفي مكان آخر، أَلَمٌ يضاعفه الخيال وتردده مئات الأصداء، لذلك يا صديقي أُفَضِّلُ شخصياً الكتابة، فبالرغم من أنها تعكس مستوى عالياً من الرفاهية العامة، تسمح للإنسان بالتفرغ لنشاط غير ذي جدوى، فإنها بالمقابل تكون نتيجة تفتت الحياة الاجتماعية، ومن ثمة درجة عالية من

عزلة الأفراد، فالعزلة قد تولِّد الهوس بالكتابة، وهوس الكتابة المعمم بدوره يقوي العزلة ويفاقمها.

فالكتابة هي إحاطة النفس بكلمات كما لو كان الشخص منا يحتمي بجدار من المرايا لا يَنْفُذُ منه أي صوت من الخارج، وكما عبَّر عن ذلك المخذول "ميلان كونديرا" في كتابه (الضحك والنسيان)، بأننا: "نألف الكتب لأن أبناءنا لا يهتمون بنا، نخاطب عالماً مجهولاً لأن زوجاتنا تغلقن آذانهن عندما نكلمهن". العالم أصبح خاوياً تتردد فيه كلماتنا بلا مجيب، وحده الصدى يعيد على مسامعنا ما قلناه.

لذلك لا جدوى يا صديقي من ترميم ما تبقى منك سوى بالكتابة، فنحن نكتب لنشعل بكلماتنا ومشاعرنا شموع الأمل في ليل أمتنا الطويل، نكتب تألماً وشكوى مما يثور في أعماق وجداننا، وفي أحيان أخرى نكتب نيابة عمَّن يشاركنا ما نعانيه في صمت، نكتب للتنفيس وإراحةً لضمائرنا المثقلة والمتعبة، نكتب اعترافاً ببشريتنا وضعفنا وزلاتنا، وأملاً في الهروب من ثِقْلِ الأغلال.

نكتب لنحادث غيرنا مدعين القدرة على قراءة أفكارهم، ونحاول عبثاً مداواة خيباتنا بالغوص في همومهم وأحزانهم.

نكتب لنؤثر ونتأثر، نكتب إعلاناً لعصياننا وتمردنا على تلك القيود والسلاسل، نكتب تظلُّماً، لنري العالم أثر قَيْدِ الضِّيْقِ في أرواحنا الكبيرة، نكتب لنرتاح من الألم مرة واحدة، ولعلنا نكتب مرات ومرات رغبة في المزيد من الألم الملهم، نكتب عزاء لذواتنا، وترميماً لبقايا حطامٍ يعزُّ علينا ترسُّبه في الذاكرة.

نكتب لنستعيد بعض إحساسنا وشعورنا، ونحرر دموعاً حارة سجنتها بَلَادَةُ الطَّبْعِ، وسذاجة الروح، نكتب لنغازل الفرح ونراقص الأمل، نكتب توجُّعاً على فقدان ولَّادة وزرياب والنَّاي والأندلس، وحداداً على سقوط الأقنعة مرة بعد مرة، ونرفع بكلماتنا عَلَمَ الكبرياء، لندفع به ذلاً لا يليق بنا، ونطلب صدق العيون وشفافية القلوب.

كتاباتنا رؤى نهرب على أجنحتها من مرارة الحاضر، نكتب للنسيان، نكتب ولا بدَّ أن نكتب، فكلماتنا صرخاتٌ مخنوقة تؤلمنا وتعذبنا، ولا تهدأ ولا تستقر حتى تُسْمَع، نكتب هرباً من الوحدة القاتلة إلى صحبة القلم المؤنس الذي يسافر بنا إلى بلاد بعيدة، كل شيء فيها جديد ومثير، لم نعهده من قبل، نهرب على صهوته من صمت الذات إلى حفل صاخب، وأحاديث مطولة مع صديق قديم، لم نره منذ زمن بعيد.

نكتب لأننا سئمنا الكلام الذي سرعان ما يتبخر في الهواء، نكتب لأننا عقلاء ملوا عقولهم، واشتهوا بعض شطحات الجنون، واختراق المستحيل، نكتب لأننا نعشق الزهور ونخاف عليها من الذبول، نتلمس روعات لوحات "فان غوخ" ونتأسف على انتحار رجل عظيم كان فقط يحتاج إلى حضن طويل.

والكتابة كذلك يا صديقي تمنعنا من أن نشيخ، فهناك من الناس من يدبُّ الهرم في قلوبهم أولاً، ومنهم من يدبُّ الهرم إلى عقولهم، ومنهم من يشيخون في ربيع الحياة، على حد تعبير عميد المخذولين "فريدريك نيتشه" في كتابه الملحمي: (هكذا تكلم زرادشت).

تختصم الوقت، فيصبح رتيباً وسامجاً وبدون عقارب، الأرقام تدور على نفسها وتختطف منا الذاكرة، والذاكرة هي حصيلة تجاربنا المتقزِّمة.

أتصورك صباحاً يا صديقي وأنت تحتسي كوب قهوتك الساخن، واقفاً باتزانِ سِكِّيرٍ على شرفتك، وتنفثُ أمواج الدُّخان في وجه الأشجار والعصافير، وتتساءل هل الإنسان فقط من يشعر بالخذلان دون باقي المخلوقات؟ تشعر بالحقد تجاه العصافير والحمام، المخلوقات الصغيرة والضعيفة التي لا تشعر بالخذلان، تطير فوق أسطح العمارات وتقضي حاجتها

فوق رؤوس المخذولين أمثالك، فتشعر أنك أضعف كثيراً من عصفور وحيد، أنت مقيَّدٌ مكانك، أسير الوطن والمجتمع والأسرة والظروف والتقاليد والعاطفة، والطيور حُرَّةٌ في السماء تذهب أينما تريد وتفعل ما يحلو لها، وأنت تفعل ما يمليه عليك المجتمع والناس وقلبك التافه.

يقول المخذول رياض الصالح الحسين: "أنا ولد مشاكس وغير لئيم، لديَّ كتب وأصدقاء ولا شيء غير ذلك".

هذا الوصف بالتأكيد هو ما ينطبق عليك، أنت مشاكس ترفض ما يدور حولك من الأخلاق الزائفة والمهاترات الكاذبة، أنت طيب وساذج وغبي، لا تدرك أصول اللعبة، واللعبة هي استنزاف لصفاء الذات المعتلة.

تعلمت من الكتب أن تكون صريحاً وواضحاً تصف الوضع القائم بشكل مفصَّلٍ ومُحَدَّد، ولم تدرك أن عالم الكتب ليس هو الحياة، فالورق لا يتنفس ولا يجيبك إذا سألته، ولا يعلم إن أسأت له، ولا يكرهك إن نافقته أو مزَّقته إرباً، لا يريد منك جزاء ولا شكوراً، ولا يرجو منك دليلاً على ولائك، تقول فيسمع، وتكتب فيصمت، لا مجال للجدال الفارغ، يقدم لك ما لديه، ولا يريد أن يكون المنتصر لأفكاره، لا مجال لديه لمساجلات جرير والفرزدق، فإن رضيت بما يحويه كان بها، وإن لم ترضَ لن

يجادلك أبداً ولن يلومك أو يتهمك بالخيانة أو السذاجة أو الغباء، لن يحاسبك على ما يجول بخاطرك، ولن يكسر قلبك، ويقتل مشاعرك، ولن يرضى لك السعادة أو العذاب، ولن يسألك القرب أو البعد، ولن يطالبك بالحب أو الجفاء، لذلك أصدق الأصدقاء هم من يشبهون الكتب في صفاتهم.

صديقي، وأنت غارق بين كتبك تشعر أنك بعيد، تكره الوحدة كثيراً، والكتاب وحده لن يؤنس وحدتك، نعم هو وفيٌّ لكنه لن يجيبك إذا سألته، تريد أن تشعر وتحس وتلمس وتتكلم وتنصت وتحب وتكره. يقول المخذول رياض الصالح الحسين:

"الذين يحبونني لا يتركون لي فرصة للموت، والذين يكرهونني لا يتركون لي فرصة للحياة".

هذا هو شعورك الحالي، أنت بعيد كل البعد عن الذين يحبونك، لكن لا أحد يتأثر بغيابك، ربما تكون مجرد أوهام كاذبة تجول بخاطرك أو أسلوباً دفاعياً من لا وعيك حتى تقدر على الاستمرار، تقول لنفسك إنَّ الذين يحبونك لا يتركون لك فرصة للموت، وفي ذات الوقت أنت محاط بالكارهين، هذا الطقس السيئ يكرهك، وهذا اليوم المشئوم يكرهك، وهذا الوعي المؤذي يكرهك، وهذا الكتاب التافه يكرهك، وهذا الفيلم البغيض يكرهك، وهذا الصديق البعيد يكرهك، وهذا الحبيب

الغريب يكرهك، وهذا الغريب الحبيب يكرهك، حتى فنجان قهوتك وسُكَّرُهُ الأَقَلُّ من المعتاد يكرهك، كل من يكرهك لا يترك لك فرصة للحياة، أنت تحيا ولا تحيا، لقد توفيت منذ زمن ولكنك مستمر في الحياة، والحياة هي اختبار لقدرة الفاني على الصمود.

صديقي، هل كنت واعياً بينما كانت شفتاك تبتسمان دون إرادة منك، حين يتجول في خاطرك انطباع ما، عن حدث ما، في وقت ما؟ هل فاجأتك الأبدية يوماً بينما كانت عيناك تقدحان شرراً، ولسانك يرغي ويزبد بكلمات بدائية غير مفهومة، بينما كنت تخوض معاركك الدون كشوتية على صهوة حمار، حيث تضطر في الأخير إلى ابتلاع خيباتك؟ هل وجدت نفسك متلبساً بحركة غير إرادية أفلتت من حاجبيك بينما كنت غارقاً في أحد أحلام اليقظة التي جمعتك بالحنين، والحنين هو أسلوب المستسلم إذا تكبَّرت الحياة.

تصيبنا الخيبات على مراحل، انطلاقاً من الشكِّ وتبدد الاندهاش، وتغير المعطيات والمعاملات، ثم الجمود والبرود، تماماً كلمبة توقظ الأحلام وتنطفئ فجأة أمام سطوة السواد. الخيبة لا تأتي فجأة؛ تُمَهِّدُ دائماً لقدومِها بمؤشرات عديدة، نأبى أن نُصَدِّقَها أمام متاريس الثقة التي شيدناها على أرض هشة،

يأسرنا الخذلان ويرمينا في غيابات الجب، نصارع لوحدنا بالبوح أحياناً وبالكتابة مرات ومرات، لأننا ندرك جيداً أنه ما من مسافر عابر قد يضنيه العطش لينتشلنا من بؤسنا فجأة، ما من قلب قد يعنيه يأسُكَ، الكل يبحث بأنانية عن وهمه اللحظي، الكل منشغل عنك بمكاسبه وفتوحاته، أنت لا شيء، فما هو ثابت يا صديقي أننا مخذولون من الحب والعلاقات، من الأسرة والوطن، من المجتمع والغربة والسفر، ومن الإنسانية التي ضلَّت طريقها واستوطنت في مواثيق وإعلانات إقليمية ودولية، لا تساوي الحبر الذي خُطَّت به.

الفعل الإنساني اضمحلَّ يا صديقي، لا نعلم كيف ولماذا، ولهذا ندفع الثمن غالياً كلما استوطنتنا الذكرى، والذكرى هي سُلَّمُ القصيدة إذا ذبل الكلام، نزين بها النظم والقوافي، ونستعير بها بلاغة تشبيهنا لانزياح مآسينا، ونتلوها على مسامع الصدى، علَّ في ارتدادها مواساة لجراح تأبى الاندمال.

العالم يا صديقي يتشكل من حلقات مزعجة من المفاهيم والقوانين والأصوات، ومن الاستبداد والرعب والتفاهة، وحتى تتمَّ شرعنة ذلك، وُضِعَت قوانينُ ونظريات وأسس مجتمعية ليس لتنظيمها بل لتبريرها.

فعندما يقرر جيل دولوز وضعَ حدٍّ خاص لعلاقته بهذا العالم، ويلقي بنفسه من النافذة، وعندما يفضِّل ستيفان تسفايغ، وإرنست هيمنجواي، وديل كارنجي، والكثير غيرهم من الكتَّاب والمبدعين والأدباء، الانتحار مُنْهِيْنَ مأساة الاندماج في عالم متصنِّعٍ حدَّ القرف. وعندما تصير النشرات الإخبارية متخمة عن آخرها بأخبار أبطال الوقت الوهميين والتافهين، عندما يحدث هذا كله، فهذا يعنى أن العالم غارق في البلاهة والتفاهة، وأنه ما ينفكُّ يلهث وراء المبحوثِ عنه لهزمِ قلقِ أسئلته الشقية التي تعصف به وتقوده كرهاً نحو أحلك النهايات.

يقول المخذول الرائع "نيكوس كازانيتزاكيس" في روايته (الحديقة الصخرية)، أننا: "نجيء من هاوية مظلمة وننتهي إلى هاوية مظلمة، ونسمي الفاصل المضيء: الحياة. حالما نولد تبدأ العودة، يبدأ حالاً الانطلاق والعودة، ونموت في كل لحظة".

المزعج في الحياة أنها تقيم التفاهة، لأن التفاهة قيمتها المالية عالية، والتفاهة يصنعها الإعلام ويشكلها في قوالب قد تتحول إلى مسلَّمات في الثقافة الاستهلاكية المجتمعية، تساعدها في ذلك منظومة التعليم المعلب في قوالب لصناعة الخضوع، التفاهة المقيمة في النظريات الليبرالية والنيوليبرالية هي التي

تسيّرُ نمط العيش والاستهلاك وتأسس لمجتمعات آلية، تفقد القدرة على التعبير عن الرأي الحر، على المبادرة والعطاء، بحيث يصبح الإنسان في ظل هذه الطفرة المنحطة، مستقبِلاً ومستهلكاً لما تعده وتأسسه الشركات الكبرى. ففي الأنظمة الحديثة لم تَعُدْ القيم والأخلاق والمبادئ والحرية تشكلان الشخصية الإنسانية، فقد استعيض عنها بالقيم المادية التجارية والتبادلية، وبالمقابل فإن الإنسان ساهم وبشكل كبير في توطين التفاهة، وحتى نكون موضوعيين أكثر فقابليته للتعليب والقولبة هي التي أسهمت في تفككه الجزئي إلى اللا شيء، ولا داعي لأن نلقي اللوم – كما نفعل دائماً – على وسائل التواصل ونحمِّلَها وزر ما وصلنا إليه من تفاهة وبؤس معرفي، فهي وحتى في أسوأ الفروض ليست أكثر من تجلٍ محضٍ لهذا البؤس الكامن فينا من الأساس. لم تفعل شيئاً هذه المواقع لنلقي اللوم عليها كلياً، بالرغم من تحمُّلِها مسئولية لا بأس بها، باعتبار روادها المشهورين لهم نصيب من المداخيل، أو حظ وافر من أن تتحول صفحاتهم إلى مساحات إعلانية، فالتكنولوجيا تستجيب عندما يكون الإنسان تافهاً، فهي انعكاس لواقع هذا الحال المزري، ومؤشر شديد الدقة لدرجة الانحطاط التي بلغتها البشرية.

إننا سائرون رغماً عنا نحو مجتمع غارق في التفاهة والرداءة، ويُحزِنُ أن تصير النجومية والشهرة والمال من نصيب الأكثر تفاهة وعَبَطاً، ما دفع بالكثير للبحث عن الحضور والظهور في الواقع وفي الرقمي؛ فما يهم عدد (اللايكات)، ويقاسُ النَّجَاح بعدد المشاهدات والتعليقات التي باتت أكثر تفاهة من التافه نفسه. نحن نعيش زمن الصورة أملاً في حصاد الشهرة، والخروج من سجل المجهولين إلى صعود سماء النجومية... لا يهم بأي طريقة، فالغاية تبرر الوسيلة، حتى لو كانت بعرض المفاتن بطريقة فاضحة، أو العبث بالحياة الخاصة، أو انتهاكاً للمحاذير، أو تسفيهاً للمُنجَز، أو تشويهاً للنجاح، أو تطاولاً على القامات، أو تقزيماً للكبار.

المهم أن يصير نجماً في زمن الرداءة، فيما كبار المفكرين وصنَّاع الحضارة في طي النسيان.. خذلهم الكل.. فأدموا الوحدة.

ليس مطلوباً أن تحوز شهادات عليا من أعرق الجامعات، أو تكون صاحب موهبة أو متميزاً في مجالك، فالتافهون الذين سيطروا على وسائل التواصل الاجتماعي أصبحوا نماذج عالمية، يجنون وافر الأموال كلما ازدادت تفاهتهم.. ولا عجب أن يشهد العالم ترويجاً لا نظير له للسلبية والسلبيات، وجهوداً تبذل لإعاقة الفكر البشري، حتى صار الشأن العام تقنية إرادة لا

منظومة قيم... انقلبت القواعد والمُثُل إلى معايير من الابتذال والتسطيح، وصارت المصلحة العامة مفهوماً مغلوطاً لحماية مصالح البعض، وصار السياسي مهرجاً يعمل لصالح زمرته.. صارت التفاهة نظاماً كاملاً، فبات المعلِّم مُلَقِّناً بعد أن كان مربياً، وصارت القدوة والنموذج مثالاً للمهانة والسخرية.

المهزلة باتت السبيل لمراجعة عالم غياب العقل، وسيولة المعنى، حيث صار البشر قطيعاً تتلاشى فيه الفواصل، يمارَسُ عليه نوع من الاستبداد الرقمي، وما يقوم به منتجو التفاهة والتسفيه، هو إنتاج ملهيات للهروب من الواقع عبر بوابات الترفيه والتسطيح والابتذال.. هناك مراهنة دائماً على تسويق الخيال، والترويج لعالم افتراضي لا علاقة له بالعالم المعاش.. إنه فن صناعة الوهم، وتفريغ شحنات الغضب الشعبي، وإظهار البطولة الزائفة.

الإعلام الرسمي ساهم كذلك بالقدر المستطاع في مسايرة إستراتيجية تغييب الوعي المفقود أصلاً، وأسَّسَ لذلك عبر عرض مسلسلات مدبلجة جد طويلة، بحبكات رديئة، وصياغة سطحية، لتأطير العقول وفصلها عن واقع تعيسٍ يرفض الارتقاء، أصبح خلالها المضمون مفقوداً، فالتركيز على الصورة قد عوَّض كل مكونات النص، النساء يتابعنَ المسلسلات

ويتعاطفنَ مع البطل أو الكومبارس أو الضحية أو المجرم، حسب درجة الوسامة، يتهافتنَ للحفلات لرؤية المُغَنِّيْنَ ليس لأن كلمات أغانيهم معبرة، أو ألحانهم جذابة، بل فقط للصراخ ورؤية وسامتهم عن قرب، يتركون واقعهم عن إرادة للعيش في عالم من الوهم والخيال، يمجدون هذا المشهور حتى ولو كان مداناً، ويدينون آخر حتى ولو كان بريئاً، الوسامة تلعب دورها والجسد كذلك، إنه زمن الصورة والسذاجة والسخافة. الشباب كذلك لا يختلفون عنهم في شيء، وكلُّهم في فلك التدني يسبحون.

الحالة التي نعيشها تشبه تماماً شخصيات مسرحية المخذول بيكيت (في انتظار غودو)، حيث يترجم أبطال مسرحيته، فلاديمير، وستراجون، وبوزو، ولاكي، كصورة للتفاهة، فهم أشخاص عاديون جداً، يظهرون من العدم، بلا تاريخ سابق، بلا مهنة، بلا خلفية ثقافية معرفية، أيضاً، بلا لغة فلسفية أو حتى حوارات عالية... الأكثر إثارةً أنه جعلهم بلا هَمٍّ محدَّدٍ معلوم، إنهم حتى لا يثيرون تساؤلاً أو سؤالاً، لا يدخلون في ورطة أو مشكلة، لا يصنعون ثورة ولا يطالبون بها، بل لا يبحثون عن أي معنى، ليسوا أبطالاً ولا مبدعين ولا مطاردين، ولا حتى محبطين.

إننا نعيش عصر التفاهة، من هشاشة الفكر ومن مناقشات بيزنطية وحوارات يغلبها الجهل بالأمور.. بات التوافه يحيطون بنا من كل ناحية، يحاصروننا ويخططون لواقعنا... حالة من التفاهة والركاكة والعبث، حالة يقف وراءها صنَّاع، ومنتجون، ومستثمرون، ومخططون، ومصممون، وداعمون، وأبواق، ورعاة ومستفيدون ومحتفون بها. وقد تنبأ لذلك الفيلسوف الكندي المعاصر "آلان دونو" في كتابه "Mediocratie"أي "التفاهة"، بأن: "التافهين قيد سيطروا على العالم، من دون اجتياح الباستيل (إشارة إلى الثورة الفرنسية) ولا حريق الرايخشتاغ (إشارة إلى صعود هتلر في المانيا)"، وقال: "إن التافهين ربحوا الحرب، وسيطروا على عالمنا، وباتوا يحكمونه، وإن القابلية للتعليب حلَّت محل التفكير العميق، لذلك كنصيحة لا تقرأ الكتب المعقدة، لا تكن فخوراً ولا روحانياً، فهذا يظهرك بشكل متكبر، لا تقدِّم أي فكرة جيدة، فستكون عرضةً للنقد، لا تحمل نظرةً ثاقبة، وسِّع مقلتيك، أرخِ شفتيك، فكر بميوعة، عليك أن تكون قابلاً للتشكل، لقد تغيَّر الزمن، فالتافهون قد أمسكوا بالسلطة".

فالرأسمالية لا ترتبط بحروب لنهبٍ الثروات العالمية والسيطرة على الشعوب ومركزية السوق والاستهلاك، بل لا يتم

كل ذلك الا إذا جعلتَ الإنسان نفسه أحد السلع التافهة، فشرط الرأسمالية المسيَّسة حسب (آلان دونو)، أن تُغْرِق الإنسان في وحل التفاهة، وأن تجعله ساعياً إليها بكل حرص ودأب، دون وعي، وبالتالي ليست العقول الكبيرة هي التي تبنيها الرأسمالية بل العقول التي تستطيع مخادعة الآخرين وتوظيفهم كرأس المال بالضبط، أي أن الرأسمالية حتى تجد لها منفذاً للسيطرة على المجتمعات، لا بد من تكريس سلطة التافهين، إن السوق الحقيقي في السياسة هو سوق التفاهات.

حينها يصبح كل شيء قابلاً للبيع والشراء، بدءاً من الدِّينِ وجَنَّتِه ونيرانه ومساجده وكنائسه ومعابده، مروراً بالهويات والمقدَّساتِ والقِيَم والأخلاقيات، نحن في المراحل المتأخرة من بيع كل شيء، لا قيمة هناك لثوابت، وهذا مهم لفهم صورة العالم سياسياً، وكيف انقلب إلى هذه الشاكلة.

وبذلك تضمن التفاهة وجود عدة أشياء من بينها فتح أسواق جديدة للتافهين وأصحاب الكفاءات الأقل، كي يتَّحِدُوا ويتماسكوا لاجتياح جغرافيا الحياة والعالم.

في هذا العصر، لا حاجة إذن للكتب والمقالات التحليلية العميقة، لا حاجة للشرح والإسهاب، إذ إنَّ المعرفة لم تَعُد هدفاً في الأساس، وإنما المسموح والقشور هي كل ما يريده الجمهور،

هي ما يطلبه إنسان هذا العصر بتركيبته الجديدة، إنسان هذا العصر الذي يسعى دون خجل وبكل وقاحة نحو تسطيح كل ما هو عميق وتمييع كل ما هو جاد، السخرية هي أداته الرئيسية المعتمدة لديه لتسويق هذه السفسطة اللعينة، أداة منيعة ومحصَّنة بإحكام من كل نقد موضوعي قد يصل إليها.

صديقي، أَعلمُ جيداً أن القراء نذر، فالجميع تعودوا على تغريدات تويتر ذات المائة وأربعين حرفاً، ومنشورات العالم الأزرق ذات الأسطر القليلة، أولئك الذين يبحثون عن الصور والمقولات الجاهزة، إذ إن العالم برأسماليته ورؤيته التسليعية الجديدة تجبرنا على عدم الإطالة، لأنه لن يتبقى أحد ليقرأ، المهارة الوحيدة التي يمكن أن تنجينا هي الكتابة على أمل وجود متلقٍ مهتم.

صديقي، نحن لا نتراجع في الحياة، أو نقف على أطرافها على حد تعبير الفيزيائيين، نحن نساهم في صنعها بفشلنا وسذاجتنا، نحن فاعلون وإن كانت بَصْمَتُنَا والتَّفَاهةُ سواء.

لا عيب ولا ضير في الاعتراف، فالحياة لن تقف لتراعي مشاعرنا وجراحاتنا الداخلية، فإما أن نقف شاخصين بأقدامنا أو تذرفنا بأمواجها العاتية إلى حيث تريد لنا المسير.

اِعْلَم جيداً للمرة الألف أنك تقرأ نفسك في هذه السطور العفوية، بدون تصنُّعٍ أو تزييد، وبدون إقحام لِصِيَغِ المبالغة والمجاز المكني والمستعار، ففي بعض اللحظات نحتاج لتعرية أنفسنا من كل زيف حتى لو كان لغة معبّرة، فقط من أجل الانفكاك من شعور ثقيل يرزح فوق ظهرانينا، فالبوح في كثير من الأحيان هو شفاء، وانعتاق من ترسبات تسكن دواخل النفوس وأعماقها.

صديقي، لطالما اعتقدت أن التاريخ قصة، أو لِنَقُلْ بصريح العبارة تراجيديا مؤلمة ما بين طالب ومتطلب، ما بين مانح وجاحد، ما بين جدلية الأنا والآخر، في تناقض مثير قوامه عقدتي أوديب وألكانترا، وفق ما صاغه المخذول فرويد.

لا أعلم منذ متى وُجِدَ الخذلان في طباع الناس، لكن الأكيد أنه وجد مع الملكية وتطور الأساليب الإقطاعية، وربما قبلها بقليل مع تطور الفلاحة والصيد وظهور المجتمعات العشائرية الصغرى، لكن ليس مع زمن "فك هيدلبيرغ"، تلك الجمجمة التي وُجِدَت بألمانيا، والتي تختلف عن جباهنا المتملِّقة، فقد كان للجمجمة نتوءان عريضان فوق الحاجبين. الآن إذا كان تفكيرنا يتم خلف منطقة الجبهة، ولم يمتلك هؤلاء البشر أي جبهات، لذلك فالظاهر أنهم لم يجيدوا التفكير كثيراً، لكنهم كانوا أفضل

في عمليات المضغ عما نحن عليه اليوم، لقد كان هؤلاء مختلفين عن بشر "النياندرتال" والذين ظهروا قبلهم بسبعين ألف سنة، وأنا أدين لبشر "فك هيدلبيرغ" باعتذار، فعلى الرغم من جباههم المنخفضة، لم يكن المخ لديهم أصغر مما هو عند معظم الناس اليوم، أولئك الجاحدون والناقمون والمتسلقون والمتملقون.

صديقي، أَعْلَمُ مدى الخذلانِ الذي تَسْبَحُ فيه، لكن من واجبي كصديق أن أدلَّك على طريق آخر، ومن واجبك الإصغاء.

صديقي، لكي تحقق ذاتك يجب عليك أن تزيل ذلك الحجاب الذي تتأبطه في شكل انتمائك السياسي أو مفهومك للفضيلة والأخلاق، أو العائلة والحياة والمجتمع والعلاقات، تجرَّد ببساطة من كل ذلك الهراء والخواء المعرفي والقيمي والاجتماعي الذي يمنعك من الرؤية بوضوح، سواء كنت موظفاً مرموقاً أو عاملاً بسيطاً، فأنت فقط مسمار في المنظومة، لذلك كن على استعداد أن تكون مكيافيلياً، وانتشِ بفلسفة ماكس شتيرنر، لتكون أنت الشخص الذي تريد.

ببساطة كن على استعداد للبطش حتى من أجل رغبة تافهة، ومستعداً لتكريس الفقر وإرسال البلاد بسكانها ومؤسساتها واقتصادها إلى نادي بلدان العالم الرابع الأفقر على

البسيطة، فقط من أجل منافعك الشخصية في الأموال والسلطة والقوة.

لن أتحدث عن الفضيلة، لأن العالم من منظور أناني أناركي كله يسير وفقاً لرغباتك، العالم والخلق بأجمله مجرد امتداد لك أنت، وهذه قمة "الأصالة" على ملّة المخذول مارتن هايدگر، كذلك فاديم زيلاند نفسه المقبل من عالم فيزياء الكم، قد أقرَّ بذلك في كتابه الضخم حول كيفية صناعة الواقع في فضاء الاحتمالات "الترانسيرفينغ". فكل الفلسفات السياسية مغلوطة، وكلها بائدة، ببساطة لأنها تحاول الوصول إلى نموذج "أخلاقي فاضل" تسقط فيه مفاهيم "السعادة" و"البؤس" وغيرهما بشكل متساوٍ على الجميع، وهذا أكبر مقلب تخبطنا فيه، لأننا لا نعلم ما الذي سيجعل إنساناً آخر أكثر سعادة، ومن هنا يمكننا التأكيد أن ماكس شتيرنر، قد أكد ذلك قبل ميلتون فريدمان بـ150 سنة.

صديقي، نحن لا نعلم إذا كان مراهق فقير (على سبيل المثال) سيسعد بوجبة عشاء بورجوازية، أم بفرصة لمواعدة فتاة، أم بحصة تعلم مهارة خاصة... وهذا ما تؤكده معطيات القرن الواحد والعشرين. فالفقر حالة عقلية وليس وضعية مادية، الفقر نمط في التفكير وليس رقماً في الحساب البنكي،

لذلك فإن المرور من حالة "الفقر" إلى حالة "الثراء" هي عملية تعلمية بالأساس، حيث إن نصيحة دقيقة ومشخصة يوجهها شخص غني لشخص فقير، ستكون أكثر فعالية من الصدقة أو العطف أو الإحسان، ولهذا كان ماكس شتيرنر يِصِفُ الأخلاق الفاضلة بالوهم، ليس رفضاً للأخلاق وليس دعوة لعالم خالٍ من الفضيلة، بل هي دعوة لعالم خالٍ من الوهم.

لقد خُلِقَت الأرض والكواكب والطبيعة لخدمتك أنت، نعم أنت يا من تقرأ هذه الكلمات، فقم واستغل كل فرصة تتاح لك لإشباع رغباتك، قم وابدأ مخططك الاستعماري للاستيلاء على أكبر قدر من المكاسب والممتلكات.

إن التعليم الإنساني يحرصُ على إنشاء شخص صالح للآخرين، يفتقد للإحساس بالفردية وللرغبة في التفوق والإنجاز، وهذا تعليم فاشل، لأنه ينتج الإنسان الضعيف، كما أن المدرسة الواقعية فاشلة كذلك لأنها تُمَكِّنُ المتعلِّم من تعلم الوسائل دون تعلم الغايات، صحيح أن لكل شخص غايته الخاصة، بل هي جوهر الوجود، لكن المدرسة الواقعية تفتقد هي الأخرى إلى تحفيز وصقل "إرادة القوة" أو "إرادة الغاية" التي تخلق داخل كل فرد، فالعملية التعليمية تحطيم إرادة القوة عوض تحفيزها وصقلها، لأن إرادة القوة هي أساس الوجود، وهي

ما يجعل الأفراد يعيشون للأبد داخل الزمان والمكان، كتصاميم مايكل أنجلو الذي جعلته حياً بيننا، وأفلاطون وأفكاره التي جعلته يعيش للأبد، أو قوانين ديكارت... لذلك فإن جوهر عملية "نقل المعرفة" هو تحفيز وصقل إرادة القوة، وطالما نحارب "إرادة القوة" فإننا نحارب الحضارة ونحارب الحقيقة، وهو نفس المفهوم الذي طوره فريدريك نيتشه وأسماه بـ "السوبرمان".

لذلك فالعولمة المسيسة لا تُريد أناساً قادرين على التحليل والتفكير النقدي، تُريد فقط عاملين مطيعين، ذكاؤهم يكفي لتشغيل الماكينات، وغباؤهم يكفي ليتقبلوا الواقع الذي يقبعون فيه.

صديقي يجب أن تفهم جيداً أن الإنسان أناني بطبعه وإن كان هو لا يدرك ذلك، فأنا مثلاً أحب الآخرين، لكن الفرق بين حبي لهم وحبهم لي هو الوعي بالأنانية، أنا أعي أنانيتي بشكل كامل، لذلك أحبهم من أجل نفسي، وليس من أجلهم، أحب الآخرين لأن الحب يجعلني أكثر سعادة، لأن الحب متوافق مع طبيعتي، لأنه هو طبيعتي، أحب الآخرين لإشباع نفسي، مثلاً نحن نتصدق على الفقراء والمحتاجين لأننا نشعر بالاطمئنان لذواتنا، ربما مقابل دعوة أو ابتسامة، كذلك نحن نُغْرَمُ ليس

لشيء مميز في الشريك، بل لأنه يشبع مُكَمِّلَ النقص فينا، ويُكْمِلُ الخواء الذي نعيشه، وقِس على ذلك كل الأمور الحياتية.

يقول شتيرنر في كتابه (الأنا والملكية): "الإنسان الفاضل إنسان ضعيف، لأنه لا يدري من هم أعداؤه، ويظن أن عدوه الوحيد هو "الإنسان غير الفاضل" الذي لا وجود له أساساً، ولهذا سيخسر الإنسان الفاضل، دوماً، المعركة أمام الإنسان الأناني، وهذا يفسر كل التاريخ".

لذلك قبل أن تتخذ قرارك بأن تكون أنانياً، اعرف أن أول خطوة في سبيل ذلك هي معرفة النفس، وهي مسألة بسيطة نظرياً وجِدٌّ معقدة عملياً، لأنك لا تعي نفسك، مثلاً يكفيك أن تسجِّل نفسك وأنت تغني، أو تصوِّر نفسك وأنت تفعل شيئاً ما، لتتفاجأ بالمستوى المضمحل والضعيف الذي تسبح فيه. وإذا كنت تحسب أن الأشخاص الناجحين يمتلكون حظاً خارقاً أو قدرات خارقة فأنت على خطأ، فالتحقيق ليس سوى نتيجة للمعرفة التامة بالنفس، تماماً مثل لعبة البوكر، تفعل الذي تجيده وتتجنب ما هو مبهم، والأكثر أن تخطط متى تجازف، ومتى تتراجع لأن معظم الخسائر تأتي وقت الضعف، وتعلم كذلك متى تنسحب.

لذلك فأحسنُ تسليةٍ تضيُّع بها وقت فراغك أن تجلس وحدك في عزلة، وتغمض عينيك، وتذاكر العواطف التي شعرت بها، وكل الدوافع التي تأرجحت بينها، وكل الأفعال التي أتيتها، والكلمات التي قلتها، والنيات التي أخفيتها، ثم تحاول أن تصل إلى حقيقتك وتعرف واقعك، صدقني بأنَّ واقعك سيدهشك ويفاجئك كأنه واقع شخص آخر لا تعرفه.

المهم يا صديقي، لا حياة ولا سلطة ولا مصلحة أعلى من مصلحتك الخاصة، لذلك الموت في سبيل مجتمع مثالي أو سياسة مثالية أو واقع مثالي، أشبه بمن يموت في سبيل حبيبة خائنة، لأن "الإنسانية" و"القيم" بل وحتى "المجتمع" نفسه (على قول هايدك) مجرد أشباح تستعمل للسيطرة على عقول الأفراد، ولا يمكن لها سوى أن تخونك، كل مرة، وعلى قول كينون أيضاً: لا يمكن لرأي الجماعة أن يعبِّر عن شيء آخر سوى عدم الكفاءة.

صديقي، إن الحياة هي سلسلة من التفاعلات غير المتوازنة لان جوهرها الفعل البشري، والفعل البشري في غالبه هو ناتج عن تفكير جمعي معقَّد، لذلك فعلى سبيل الجنون، جرب أن تطبل فوق طاولة الطعام متقمصاً دور عازف Waltz، أو اصطحب صحونك في جولة بالسيارة، أو استحم بالعصير، كل

هذا الخروج عن المألوف سوف يؤكد لك حقيقة واحدة، هو أن الواقع ليس ما كان، وإنما ما أقرر أنا أنه سيكون.

خلق الله الأرض للإنسان ليحتلها، وليس ليحافظ عليها.